Un sogno chiamato Casa

Edoardo Argenio

Copyright © 2022 Edoardo Argenio

Tutti i diritti riservati.

Codice ISBN: **9798846214019**

Un'abitazione è fatta con muri e travi; una casa è costruita con amore e sogni.
(Ralph Waldo Emerson)

INDICE

Prefazione

Introduzione

Capitolo 1 - Il libero Mercato
1. Mercato libero e giudiziario
2. I primi passi da compiere
3. Le quotazioni immobiliari
4. Metratura Reale e Metratura commerciale

Capitolo 2 – L'inizio di tutto
1. La ricerca dell'immobile
2. La ricerca della zona
3. Attenzione ai venditori
4. Le regole fondamentali
5. L'Agenzia Immobiliare
6. La provvigione
7. Il gran finale

Capitolo 3 - Ristrutturare
1. Conteggio dei lavori
2. L'impresa edile
3. Agevolazioni fiscali
4. Cessione del credito

Capitolo 4 – La Fiscalità

1. Le imposte
2. Imposta di registro
3. Agevolazioni fiscali

Capitolo 5 – Il mercato Giudiziario

1. Modalità di acquisto nel mercato giudiziario
2. Le aste
3. Cercare gli oggetti in asta

Conclusioni

Glossario Immobiliare

Sitografia e Bibliografia

Prefazione

Mi chiamo Edoardo Argenio, ho 35 anni e opero nel settore immobiliare dal 2014 in qualità di mediatore, regolarmente iscritto e operante presso la CCIAA di Firenze.

Ho deciso di scrivere questo libro dal momento che spesso a causa del mio lavoro, mi è capitato di dover fornire aiuto ad amici e conoscenti che erano alla loro prima esperienza immobiliare o che si trovavano in difficoltà o confusi a causa della loro inesperienza nel settore immobiliare, aiutandoli così a compiere a compiere questo importante passo nella maniera più serena e tranquilla possibile. L'obbiettivo di questo testo è quello di fornire un aiuto pratico e concreto verso tutte quelle persone che si trovano alla loro prima esperienza nell'acquisto di un immobile o che potrebbero trovarsi in circostanze tali da richiedere un aiuto in materia immobiliare, a prescindere che decidano di operare per mezzo di un'agenzia o in totale autonomia.

Introduzione

Al giorno d'oggi mettersi in cerca di un immobile può sembrare una cosa abbastanza scontata, grazie alla tecnologia e ai vari ausili forniti dai siti web per ricercare gli oggetti che più si adattano alle nostre esigenze e che spesso rispondono anche alle domande più frequenti in materia.

Tuttavia, per quanto effettivamente si riesca a scandagliare il web in cerca di aiuto o risposta in materia immobiliare, il passaggio all'agire pratico riporta delle differenze. Nel vedere gli immobili, parlare con i proprietari di casa, formulare offerte di acquisto o parlare con gli agenti immobiliari, ci potremmo rendere conto che quella rete di sicurezza virtuale che avevamo, fornita dal web, ci ha permesso di conoscere solo un aspetto della materia che stiamo affrontando e non ci ha permesso di ottenere quelle conoscenze di base che ci possono risultare utili nel pratico.

Questa breve guida mira a tale scopo: fornire un aiuto pratico e immediato, cercando di rispondere a quelle che sono le esigenze generiche di chiunque stia cercando un immobile da acquistare e abbia necessità di una preparazione di base per poter iniziare la ricerca e portare a termine la compravendita rispondendo ai propri reali bisogni.

CAPITOLO I

Il libero mercato

1.1 Mercato libero e giudiziario

Acquistare o vendere casa al giorno d'oggi è un po' come mettere un annuncio su qualche sito internet per decidere di vendere qualcosa che non ci serve più, oppure per cercare un oggetto che bramiamo da tempo.

Questo mercato viene definito **"libero"**, ed è così chiamato poiché concede a tutti coloro che dispongono di un bene immobile, in veste di proprietari, di potersene disfare vendendolo o alienandolo senza che nessuno giuridicamente possa impedir loro di compiere tale azione in libertà.
E' il mercato che tutti conoscono e in cui la maggior parte delle persone ricerca oggetti da comprare o vendere. E' costituito da uno scambio di domanda e offerta che avviene tra ***Venditore* e *Compratore*.** Se il Venditore ha necessità di vendere il suo immobile, generalmente si serve di un Agente immobiliare e dei vari portali immobiliari che il Web mette a disposizione per pubblicizzare l'immobile. Se il Compratore sta cercando casa, si reca presso un'agenzia immobiliare per chiedere, oppure cerca direttamente sui vari portali pubblicitari per vedere se trova ciò di cui ha bisogno.

Ho tenuto a fare questa introduzione perché nel capitolo 5 mi occuperò di spiegarvi il funzionamento del mercato giudiziario, che si differenzia da quello libero e che rappresenta un'alternativa al mercato libero.

I.2 I primi passi da compiere

Quando iniziamo a cercare un oggetto in vendita ci sono delle regole non scritte che è bene ricordarsi di tenere a mente.
Rispettare queste regole potrebbe evitare di ricevere brutte sorprese o farci pentire della scelta fatta quando ormai è troppo tardi per tornare indietro.

Ecco i 7 punti chiave per evitare problemi:

> - Analisi delle proprie necessità abitative
> - Studio del mercato
> - Sopralluogo nella zona scelta
> - Analisi delle proprie finanze per comprendere la fattibilità dell'acquisto e di un eventuale ristrutturazione
> - Individuazione dell'oggetto
> - Negoziazione e Proposta di acquisto
> - Rogito

I.3 Le quotazioni immobiliari

Comprendere il valore di un immobile non è così semplice né scontato.

Non basta, ad esempio, sapere che la vostra ex vicina l'anno scorso ha venduto ad una certa cifra per fare una valutazione del proprio immobile, o magari andare su un sito internet che vi promette una valutazione attendibile. La stima è una cosa seria e viene redatta da un soggetto incaricato come un agente immobiliare, un geometra, un architetto o un tecnico abilitato.

Tuttavia chi vende non sempre si affida ad un professionista.
Mi capita molto spesso di interfacciarmi con proprietari di casa che presumono di conoscere già il prezzo dell'immobile che vogliono vendere e che non intendono sentire ragioni riguardo al fatto che a mio avviso il valore sia troppo alto.
I motivi che li spingono ad agire così sono molto spesso da ricondurre ad un attaccamento morboso verso il proprio immobile, ritenuto come il più bello acquistabile o vendibile nella zona o a qualche conoscente che li ha mal consigliati.

E' possibile inoltre che qualche operatore immobiliare che aveva già lavorato in precedenza

sull'immobile senza poi concludere la vendita, abbia letteralmente sparato una cifra ideale per il cliente al solo scopo di acquisire l'immobile e metterlo in vetrina per avere più annunci.
E' molto più complesso di quanto sembri riuscire a trovare un immobile che valga il prezzo giusto, o che sia stato stimato in maniera corretta e che possa effettivamente collocarsi in un forbice di mercato coerente.
Inoltre va fatta una considerazione importante in merito alla trattativa.
Sulla quasi totalità degli immobili che trovate in vendita, il prezzo che vedete è trattabile, anche quando c'è scritto che non lo è. Pertanto noterete che incrociando i valori che arrivano dal borsino immobiliare con quelli che si leggono degli annunci c'è una discrepanza enorme.Perciò, in che modo potete aiutarvi nel cercare di trovare l'oggetto più giusto per voi evitando di pagarlo più del previsto?
Per riuscire a reperire tutte queste risposte dovete necessariamente informarti tramite il portale dedicato dell'Agenzia delle Entrate basato sui dati OMI (Osservatorio del Mercato Immobiliare).
Il sito OMI è di fatto una grande banca dati tramite la quale è possibile consultare i dati relativi a quotazioni e valori su tutto il territorio nazionale e su specifiche aree di interesse.

I dati dei seguenti valori sono aggiornati con cadenze mensili, pertanto rappresentano molto verosimilmente la realtà o il periodo nel quale decidi di controllare.
Inoltre sono basati direttamente dalle reali transazioni avvenute in quella data zona.
Per poter arrivare direttamente al sito dell'OMI puoi digitare direttamente su un qualsiasi portale di ricerca internet la parola OMI oppure andare direttamente sul sito dell'Agenzia delle Entrate, selezionare la provincia, il comune, la zona e il semestre per vedere conoscere i relativi valori.

Inoltre è possibile avere una doppia conferma dei dati OMI andando a cercare sempre su internet un altro sito che si occupa di valutazioni che si chiama Borsino Immobiliare.

All'interno del sito sono presenti le valutazioni di tutti gli immobili sul territorio nazionale, divisi per categoria e classe Inserendo la città nella quale deve essere effettata la ricerca e aggiungendo poi la via, sarà possibile vedere il valore da un minimo ad un massimo legato a quella data zona per metro quadro.
Indicativamente tra i due OMI è sicuramente quello più attendibile, ma dal momento che spesso la differenza di valore è minima tra OMI e Borsino Immobiliare, per comodità, cisto che è

più immediato potete consultare tranquillamente anche il sito del Borsino.

Questi due strumenti sono fondamentali per darvi un'idea di cosa andrete a vedere e vi permetteranno di avere anche un potere di trattativa se sarete abbastanza abili da studiare bene la vostra operazione immobiliare.

Vi consiglio di prendere sempre il valore medio di riferimento e mai il valore minimo o massimo perché rischierebbero di forviarvi nelle eventuali fasi avanzate di trattativa.

In fondo al libro nella sezione dedicata alla sitografia, troverete tutti gli indirizzi internet dei siti appena citati.

I.4 Metratura Commerciale e Metratura Calpestabile

Vi capiterà spesso di imbattervi in annunci o visite nelle quali non riuscirete a capire bene la reale metratura dell'oggetto.
Magari ad alcuni è già capitato, altri invece che ancora devono iniziare la loro ricerca non lo sanno, ma i metri quadri che compongono un immobile si dividono in "commerciali e reali".

Quando si parla di metri quadri **commerciali** si fa riferimento alla sommatoria degli spazi dell'intero immobile, muri compresi.
Al momento in cui si deve stimare il valore dell'immobile in €/mq le superfici vengono conteggiate nel seguente modo:

Abitazione : 100%

Terrazzi e Balconi 50%

Cantine o depositi 50%

Garage 50% se interrati o 67% se esterni

Ecco perché se vedrete un appartamento di 100mq dotato di cantina di 20mq, il tutto non avrà una superficie commerciale di 120mq, ma di 110mq.

Per quanto riguarda invece i metri **reali**, si fa riferimento a tutte quelle superfici dove possiamo realmente camminare e nel conteggio si tiene in considerazione il 100% dei mq ad esclusione dei muri.

Negli annunci immobiliari molto spesso vengono menzionati solo i metri quadri commerciali e a mio avviso lo ritengo corretto, poiché acquistando l'immobile si acquistano anche le mura che lo compongono e conoscere la metratura calpestabile è utile ma principalmente ai fini logistici o per decidere come arredare l'immobile.

E' importante chiedere all'agente immobiliare o al venditore entrambe le metrature, qual ora non vi abbiano informato.

In questo modo sarete in grado di poter fare accurate valutazioni in merito ai vostri bisogni abitativi e di living.

CAPITOLO II

L'inizio di tutto

2.1 La ricerca dell'immobile

Questi sono alcuni dei punti che abbiamo visto nel precedente capitolo e che ora andremo ad analizzare più nello specifico:

> ➤ Analisi delle proprie necessità abitative
> ➤ Studio del mercato
> ➤ Sopralluogo nella zona scelta
> ➤ Analisi delle proprie finanze per comprendere la fattibilità dell'acquisto e di un eventuale ristrutturazione
> ➤ Individuazione dell'oggetto

Analizzare le proprie necessità abitative è la base da cui tutto parte, il perché dietro al mettersi in moto nel cercare un immobile.
Potranno essere di varia natura, da coloro che decidono di mettere su famiglia, al singolo che sceglie di acquistare per se stesso, passando a tutti coloro che acquistano in prospettiva di fare un investimento per il futuro verso se stessi o i propri cari.
Questo è l'inizio ed è una fase molto importante perché durante il mio lavoro ho avuto modo di incontrare molti clienti che non avendo le idee chiare si sono messi in cerca di immobili spesso molto diversi tra loro, sia come metrature che come zone e prezzi, con la conseguenza poi di

stancarsi e abbandonare l'idea di acquistare perché troppo "complicato e dispersivo".

Prima di mettervi in cerca dovete chiedere a voi stessi o alla persona con la quale avete deciso di imbarcarvi in questa operazione, quello che vi serve.

2.2 La ricerca della zona

La fase successiva sarà quella di scegliere il luogo effettuando uno studio di mercato (vedremo più avanti come effettuare una valutazione) in modo da comprendere la differenza che noterete tra il reale prezzo del mercato e quello che si può trovare molto spesso negli annunci di vendita. Una volta individuata una potenziale zona di ricerca sarà necessario andare a visitare i luoghi per capire se ci sono servizi alla persona nelle vicinanze, palestre, cinema e mezzi pubblici per potersi spostare.

Cercare di capire com'è la zona a livello di parcheggi e di popolazione (se siete in zona universitaria troverete molti ragazzi giovani, mentre magari in una zona residenziale troverete persone che hanno un'età più adulta) L'importanza dell'analisi legata alle proprie finanze è fondamentale perché vi permette di non perdere tempo e di non farlo perdere anche agli altri, come ad esempio banche, i venditori di casa e gli agenti immobiliari.

La credibilità e la serietà in questo settore sono molto importanti e valgono per tutti, compresi gli acquirenti.
Questo è un aspetto fondamentale e di importanza massima perché spesso ho avuto moltissimi clienti che non avevano fatto bene i conti e non hanno potuto poi acquistare l'appartamento perché erano fuori dalla cifra che si erano proposti.

Per comprare un immobile i costi da tenere presente sono:

> - Pagamento Agenzia immobiliare
> - Pagamento del Notaio
> - Pagamento degli Oneri
> - Costi di ristrutturazione (Se prevista)

Pertanto vi consiglio di informarvi prima dei vari costi che può avere l'agente che vi segue, contattare qualche studio notarile per comprendere che costi ci possono essere all'incirca per l'acquisto di un'abitazione e portatevi anche qualche ditta edile direttamente sul luogo per fare una valutazione approssimativa dei costi di ristrutturazione.

Questa è l'unica strategia per evitare di rimanere letteralmente fregati nelle fasi più importanti del vostro progetto, perché purtroppo quando si trova ciò che ci piace si ragiona emotivamente, trascurando la parte più importante che in questo settore non deve mai venire meno, ovvero la razionalità.

Una volta che avrete fatto queste considerazioni e sarete riusciti ad individuare l'oggetto per voi ideale potrete passare alla fase successiva.

2.3 Attenzione ai venditori

I venditori ricoprono un ruolo fondamentale all'interno di questo settore e molto spesso resta difficile anche per noi agenti riuscire a gestirli al meglio durante una trattativa, perché spesso partono dal presupposto di avere il coltello dalla parte del manico.

In realtà nessuno detiene il potere in questo ambito e l'affare si conclude generalmente raggiungendo un prezzo di equilibrio. Tuttavia può succedere che sia il venditore a rendere difficile una trattativa, perciò è fondamentale anche comprendere con "chi abbiamo a che fare".

Che decidiate di andare da soli o che passiate tramite un'agenzia, vi troverete a fare i conti con il proprietario.
Se andate senza agenzia chiaramente sarà più probabile, ammesso che non venga delegato un parente per fare da intermediario.
In alternativa mi capita molto spesso che i proprietari degli immobili siano presenti per loro volontà alle visite e questo dal mio punto di vista è solo un bene per diversi motivi, come ad esempio:

> ➢ Garanzia che ciò che dico io come agente può essere immediatamente confermato dal proprietario
> ➢ Miglior risposta in ambito tecnico riguardo all'immobile, poiché per quanto io possa conoscere o aver studiato l'oggetto, colui che ci vive sa tutto e vi risponderà in maniera chiara.
> ➢ Si incontrano subito le parti e si comprende se a pelle si stanno simpatiche o meno (ebbene si, questo fa parte della trattativa in molti casi)

La cosa che vi dovete tenere a mente è che voi avete bisogno di trovare possibilmente tutti quei proprietari che rientrano nella categoria dei

"DON'T WANTERS".

I *don't wanters* sono soggetti interessati da una condizione che li induce a dover vendere un immobile. Sono venditori motivati a vendere che non hanno interesse nello spuntare il prezzo migliore per loro ma che vogliono realizzare la vendita nel minor tempo possibile.

Generalmente per vendere un immobile possono volerci diversi mesi fino a sei per esempio a seconda della zona e del prezzo ma questo potrebbe non bastare se il prezzo è troppo alto o se si ha a che fare con proprietari irragionevoli che partono dal presupposto di conoscere meglio di tutti il valore del proprio immobile.

Ecco questi ultimi sono da scansare a meno che non abbiate trovato l'oggetto della vostra vita e siate disposti a pagarlo più del previsto.
In qualsiasi altra circostanza se siete alla ricerca di un immobile da acquistare ma non volete rimetterci ne' ora ne' in futuro, dovrete fare leva su questa tipologia di persone, i *don't wonters*.

Dovete trovare o avere la fortuna di trovare venditori motivati a vendere.
Alcune delle motivazioni possono essere le seguenti:

> - Separazione dei coniugi
> - Trasferimento in altra città
> - Problemi nel pagare il mutuo
> - I figli sono cresciuti e si sono trasferiti e la casa è troppo grande per i soli genitori
> - I proprietari sono anziani e hanno necessità di qualcosa di più comodo e al piano basso
> - Il proprietario è deceduto e gli eredi hanno necessità di realizzare
> - L'immobile è stato affittato a inquilini morosi

Valutare chi si ha davanti e come questo eventualmente possa aiutarvi a raggiungere il vostro obbiettivo non vuol dire approfittarsi di una situazione di bisogno cercando di fare leva su aspetti critici dell'altro, ma bensì di cercare di raggiungere un obbiettivo comune.

La trattativa è forse una delle parti più importanti, se non la più importante all'interno della compravendita, perché determina una riuscita o un fallimento e saper trattare con il

proprietario è fondamentale, sia passando tramite agenzia che trovandocisi in autonomia.
E' per questo che ritengo necessario, nei limiti del possibile, conoscere la persona con la quale si sta tentando di creare un rapporto d'affari.

Ho visto spesso fallire trattative per pochissime migliaia di Euro, solo per fatti di principio.
In questo caso nulla centra il non raggiungere la cifra giusta, ma è questione di dominio.
Il problema sta nel fatto che si innescano meccanismi personali dove si vuole prevalere sull'altro o evitare di farsi schiacciare, e a quel punto viene meno l'interesse reale dell'oggetto e si pensa solo a noi stessi.
Approfondirò più avanti questa parte, all'interno del capitolo sulla trattativa proprio perché ritengo importante arrivare preparati al momento in cui si passa dalla teoria alla pratica.

Attenzione a cosa cercate

Durante le vostre ricerche potreste imbattervi in qualche immobile in pubblicità che potrebbe proprio fare al caso vostro, sia per prezzo che per metratura e condizioni.

Leggendo nella descrizione però notate ad esempio la seguente dicitura:

"Splendido appartamento, nuda proprietà vendesi…"

Quando troverete questo genere di oggetti in vendita dovrete sapere che NON siete davanti non ad una semplice compravendita nella quale un proprietario di casa, dietro il corrispettivo di una somma vi vende il suo bene.

Siete d'innanzi alla vendita della nuda proprietà del bene.

Si tratta di una soluzione ormai molto in voga soprattutto in questi periodi di grande incertezza economica e sociale e può essere una formula di acquisto vantaggiosa sia per chi vende che per chi compra, sempre ammesso però che possiate aspettare ad entrare in possesso del bene.

Adesso vedremo cos'è la nuda proprietà, come funziona e come si calcola.

La nuda proprietà è la possibilità concessa ad un soggetto di diventare proprietario di un bene pur non potendone usufruire materialmente fintanto colui che vive all'interno del bene (usufruttuario) non è deceduto e questo prende il nome di usufrutto vitalizio. In questa tipologia di compravendita ci sono quindi due figure:

- L'usufruttuario
- Il nudo proprietario

L'usufruttuario è colui che fintanto è in vita mantiene la facoltà di abitare e di affittare l'immobile.
E' suo diritto vendere l'usufrutto a terzi entro i termini di legge previsti nel contratto di vendita della nuda proprietà.

Il nudo proprietario è l'effettivo proprietario dell'immobile con responsabilità dirette nei confronti di esso, vantaggi e svantaggi.

Vantaggi:

- Acquisire un immobile ad un prezzo conveniente
- L'obbligo del pagamento delle spese ordinarie, rimangono a carico dell'usufruttuario

Svantaggi:

- Attendere che cessi l'usufrutto
- Pagare le spese straordinarie sul bene immobile

Il valore dell'usufrutto viene calcolato moltiplicando la rendita annua per il coefficiente stabilito in relazione all'età dell'usufruttuario.

L'acquisto della nuda proprietà è indubbiamente vantaggioso sotto molti aspetti, ma potrebbe non essere indicato se avete necessità di sistemarvi velocemente.

E' altresì indicato per coloro che non hanno fretta di abitare e preferiscono acquistare un bene ad un ottimo prezzo (ad esempio genitori che acquistano per quando i figli saranno grandi). Vi consiglio comunque se deciderete di procedere con questo tipo di pratica, di rivolgervi ad un legale o un agente immobiliare, poiché è una forma di acquisto molto complessa e che richiede ampie conoscenze del settore giuridico e immobiliare.

2.4 Le regole fondamentali

Per sapersi destreggiare all'interno del mercato immobiliare è necessario tenere presente alcune regole fondamentali. Passando dalla visita dell'immobile al sempre più concreto pensiero legato all'acquisto dovrete fare attenzione alle seguenti cose:

> ➤ Verificare la situazione condominiale di chi vende
> ➤ Verificare chi abita nel condominio
> ➤ Verificare la pulizia e lo stato dello stabile condominiale
> ➤ Verificare il regolamento di condominio

Verificare la situazione condominiale di chi vende è fondamentale per comprendere se ci sono pendenze con il condominio o cause in corso esso o i membri di esso.

Chi acquista casa da un condomino moroso diventa corresponsabile, insieme a questi, di tutti gli oneri pendenti non versati al condominio nell'anno in corso e in quello precedente.

L'acquirente è responsabile in solido con il venditore per le somme che quest'ultimo deve per all'anno in corso e per quello precedente al rogito.
In caso di morosità, l'amministratore sarà costretto ad agire nei confronti dell'acquirente dal momento che questo è l'unico vero condomino.
Sarà diritto poi dell'acquirente chiamare in causa il venditore e rivalersi nei suoi confronti tramite un legale, ma come si può osservare, le seccature e i rischi sono molti.

Ecco perché è sempre bene chiedere informazioni al vostro agente o al proprietario e richiedere all'amministratore un documento, necessario alla vendita, nel quale si attesta la reale condizione del condominio che sta vendendo.
Non è questione di sfiducia, ma chi compra ha il diritto di conoscere tutto quello che è fondamentale prima di procedere al Rogito.

Verificare chi abita nel condominio vi permetterà di comprendere non solo la tipologia di condominio ma anche la tipologia di persone che ci vivono.
Un esempio pratico poterebbe essere il seguente:

Trovate un oggetto che sia di vostro interesse ed è vicino ad una zona universitaria di recente edificazione.
Fino a pochi anni prima la zona di vostro interesse era una zona residenziale, ma oggi è cambiata.
Moltissimi imprenditori immobiliari hanno acquistato appartamenti di grandi dimensioni per frazionarli e venderli a coloro che vogliono metterli a reddito locandoli agli studenti.
Perciò se prima nel condominio erano presenti dodici unità abitative oggi potrebbero essere diventate idealmente diciotto.

Questo potrebbe non andarvi bene se cercavate un piccolo condominio di massimo quattro piani con pochi condomini.
I frazionamenti rischiano di farvi ritrovare in un alveare.

Chiaramente diventa difficile e poco probabile che un proprietario di casa o un agente immobiliare possano rispondere al quesito in maniera esaustiva perché non è possibile accedere all'anagrafe condominiale così facilmente.
E' possibile comunque riuscire a farsi un'idea osservando i campanelli.
Se in una pulsantiera di dodici campanelli si inizia a vedere che ci sono aggiunte postume di pulsanti e targhette con molta probabilità c'è stato un frazionamento e sono aumentati i condomini.

Chiedendo poi informazioni al proprietario o all'agente forse riuscirete ad avere ancora più chiarezza e a comprendere se effettivamente sono aumentati i condomini.

Questo è un aspetto che potrebbe sembrare marginale ma che in realtà poi potrebbe diventare fondamentale, perché se state acquistando casa e siete una giovane coppia che lavora e ha un bambino, avere ragazzi appena diciottenni studenti che sono in affitto al piano di sopra e che giustamente vogliono godersi la loro gioventù studiando, invitando amici e facendo qualche festa, potrebbe portarvi in una condizione di conflitto.

Verificare la pulizia e lo stato dello stabile condominiale vi consentirà di comprendere qual è a livello generale l'impegno da parte dei condomini che vivono nel palazzo di prestare attenzione alla salubrità dei locali comuni.

Il problema non è se il palazzo è vecchio, ma se le persone che ci vivono si impegnano a tenerlo bene.
Ad esempio a Firenze è pieno di palazzi antichi tenuti in maniera impeccabile e di palazzi moderni che spesso versano in uno stato di fatiscenza totale.
Non che i condomini debbano fare loro direttamente i lavori di pulizia, ma è importante che siano attenti a ciò che serve al condominio per mantenerlo in buono stato ed in salubrità, tenendo sempre un contatto con l'amministratore e le ditte a questo asservite.
Comprare un immobile in uno stabile fatiscente sarà magari un vantaggio perché lo pagate meno, ma quando lo andrete a rivendere ci perderete ancora di più.

Verificare il regolamento di condominio è importante ed è vostro diritto poterne avere una copia se siete realmente intenzionati ad acquistare. Può darvelo il proprietario o fornirvelo l'agente previa richiesta al proprietario o all'amministratore.

Perché è importante?

Vi racconto direttamente cosa mi è accaduto così vi faccio comprendere meglio.
Qualche anno fa stavo vendendo un bilocale in zona Novoli a Firenze.
Il cliente interessato all'acquisto era una giovane avvocatessa che acquistava per lei stessa. Aveva un cane di taglia media che considerava al pari di un figlio e il suo progetto era sistemarsi lì con il suo migliore amico.
Mi chiede di poter leggere il regolamento condominiale e scopre che non è possibile portare animali in ascensore.

Per me questo non rappresentava un problema anche perché altre persone avevano animali nel condominio e usavano l'ascensore, perciò gli feci notare che oltre a quello che era imposto nel regolamento esisteva una consuetudine che bypassava la norma.
Come avvocato lei mi disse che in linea di massima poteva essere giusto come pensiero, ma

avrebbe comunque potuto darle dei problemi e che essendo oggi l'animale domestico riconosciuto come membro di famiglia non possono essere fatte distinzioni di sorta e che quindi il regolamento per come è stato concepito così non va bene e va cambiato.

Come è andata a finire ?

La Signora non ha acquistato l'appartamento perché si è resa conto che la prima cosa che avrebbe voluto fare dopo l'acquisto sarebbe stato quello di cambiare il regolamento di condominio, andando così in contrasto con tutti, e chiaramente essendo appena arrivata si sarebbe giocata subito i rapporti di vicinato.

Magari per voi potrà essere eccessivo tutto questo e non nascondo che anche per me lo sia stato ma ci insegna una cosa fondamentale, ovvero che il regolamento di condominio ci serve per capire quali siano le regole, se ci tornano e ci stanno bene o se riteniamo che qualcosa possa essere controproducente per noi e in che misura.

2.5 L'Agenzia Immobiliare

Perché dovrei rivolgermi ad un agente immobiliare?

L'agenzia immobiliare è una parte fondamentale che potreste incontrare o a cui potreste ricorrere per vendere o comprare casa.

Uso volutamente il condizionale perché spesso viene quasi fatto credere che senza agenzia non sia possibile fare niente nel settore immobiliare.

Mi ritengo un professionista e non ho necessità di difendere la categoria, o vendervela in qualche modo.
Al giorno d'oggi esistono le agenzie di viaggi e molte persone riescono ad organizzarsi il proprio viaggio da sole, esistono Wedding Planner, Organizzatori di eventi, e intermediari di vendita per qualunque cosa, dalle macchine alle barche. Tutte cose importanti e fondamentali, ma non per forza necessarie.
Non vorrei creare un equivoco, cercando di convincervi che potete fare a meno dell'agenzia immobiliare o dell'agenzia di viaggi, ma voglio essere chiaro su un aspetto fondamentale.
Vendere o comprare casa non è una cosa semplice, ed è per questo che ci si affida ad un professionista. Perché è un soggetto in grado di aiutarti a raggiungere l'obbiettivo che hai in mente, compatibilmente con le fattibilità stesse della cosa, sia chiaro.

Detto questo non stiamo parlando di trasformare il piombo in oro e pertanto non dovrete essere degli Alchimisti per riuscire a vendere o comprare casa, certo è che a meno che non abbiate in casa un avvocato o un geometra o architetto, dovrete comunque rivolgervi a qualcuno per portare infondo il vostro obbiettivo.

Io ad esempio offro un servizio a 360° gradi mettendo in contatto i clienti con una rete di professionisti con i quali collaboro: Architetto, Avvocato, Notaio, Banca, Traslocatore, Impresa edile.

In modo che il cliente possa avere già una base pronta su cui contare e alla quale rivolgersi se ne ha bisogno, senza doversi sentire ovviamente obbligato a dare incarico al professionista che ho consigliato.
Si evince quindi che L'agenzia immobiliare non è necessaria, ma serve se non avete il tempo e le conoscenze per poter gestire i vostri affari immobiliari, rischiando poi di dover comunque pagare qualcuno che vi risolva un problema.
Fatto questo breve incipit, a mio avviso doveroso, adesso vi spiegherò come relazionarvi con un Agente Immobiliare e cosa dovete sapere prima di avere a che fare con questa figura.

Come vi anticipavo poco sopra, potreste entrare in contatto con un'agenzia immobiliare per scelta, oppure potreste trovarla in corso di ricerca per il vostro immobile.

Come nei sotto capitoli precedenti, anche in questo caso ci sono delle regole fondamentali alle quali prestare attenzione:

- Conoscere chi si ha davanti
- Testare la professionalità e la cortesia
- Lasciarsi aiutare
- Sapersi relazionare

Conoscere chi si ha davanti è importante perché oggi più che in passato, tutti quelli che pensano di lavorare nel settore immobiliare, si credono automaticamente degli Agenti Immobiliari.

Dal momento che la persona incaricata di seguirvi nella compravendita dovrà essere in grado di aiutarvi in tutti i passaggi, essere disponibile alle vostre richieste ed essere preparata, aiutandovi a concludere la compravendita nel modo più veloce e meno stressante possibile, è importante chiedere subito se chi si ha davanti sia un Agente immobiliare abilitato con il patentino o un consulente immobiliare di qualche tipo senza ne arte, ne parte.

Molte agenzie che lavorano in franchising si servono spesso di ragazzi molto giovani, senza sufficienti competenze e con un sistema commerciale basato solo sul "portare a casa il risultato".
Pertanto, consiglio mio, se avrete a che fare con le agenzie in franchising chiedete sempre di parlare con un Agente immobiliare di ruolo, regolarmente iscritto in camera di commercio.
Per quanto riguarda invece le agenzie più piccole, quelle che per intendersi sono composte da persone singole, come potrei essere io fate ancora più attenzione, perché potreste avere davanti un vero e proprio operatore abusivo.
Questo è un punto fondamentale a cui fare attenzione, perché in rete si trova di tutto e non basta mettere un logo accattivante su un portale immobiliare o fare pubblicità sui social per essere un agente immobiliare.

Scrivere su un biglietto da visita "Agente Immobiliare" non fa di te un professionista abilitato, così come comprare una macchina sportiva non fa di te un pilota.
Gli agenti immobiliari regolarmente iscritti alla camera di commercio hanno un tesserino nel quale sono riportati i loro dati e generalmente lo portano con se, pertanto non vergognatevi a chiederlo altrimenti poi non lamentatevi quando

dovrete pagare e non sarete contenti del servizio che avete ricevuto e punterete il dito contro la categoria.

Testare la professionalità e la cortesia di chi abbiamo davanti è un altro tassello fondamentale per capire se chi abbiamo davanti faccia al caso nostro per aiutarci a concludere la compravendita.

Come in ogni settore nel quale si è al pubblico quello delle agenzie immobiliari non fa eccezione, perciò potreste trovare davanti svariate tipologie di persone, la cosa importante è che per voi sia la persona che più vi ispira fiducia.
Al di là dei tratti di personalità delle varie persone che incontrerete, la cosa importante è che siano professionali e cortesi.

Conosco colleghi bravissimi che si comportano come il Dottor House, altri invece non meno professionali che sembrano Robin Williams in Patch Adams.

La professionalità la vedrete direttamente al momento della prima visita.
Un agente immobiliare serio vi illustrerà la casa che state vedendo come se fosse la sua e forse certe volte potrà anche esagerare sfociando in maniera quasi grottesca nelle descrizioni, ma

credetemi è meglio uno così di uno che si limiterà a dirvi indicando: "Bagno qui, li cucina, laggiù camere..."

Un professionista sarà in grado di fornirvi tutta la documentazione necessaria per poter formulare un'offerta in caso l'oggetto sia di vostro reale interesse.
Attenzione, questo non significa che vi darà alla prima visita l'atto di provenienza dell'immobile o la visura, poiché la dentro ci sono dati sensibili del venditore.
Tutto vi verrà fornito al momento opportuno, vi renderete conto che i documenti di cui avrete bisogno saranno li proprio nel momento in cui serviranno, mai prima o dopo.
Quando gli rivolgerete delle domande sarà sempre pronto a rispondere e in caso non sia a conoscenza della risposta, si informerà e vi risponderà appena possibile.
Chiedete di visualizzare anticipatamente alla proposta di acquisto e i moduli che l'agente immobiliare utilizza.

Per legge ogni agente immobiliare deve aver depositato presso la sua camera di commercio di competenza i formulari che usa per lavorare.
Questo per voi sarà un ulteriore conferma della professionalità di chi vi sta seguendo.

Lasciarsi aiutare sarà importante quando avrete stabilito il contatto con l'agente perché vi renderete conto che a prescindere dalla sua imparzialità che dovrà tenere con voi e con l'altra parte, lui sarà sempre lì in ogni momento in cui avrete bisogno di lui fino al termine della compravendita.
È importante non essere amico del cliente e sarebbe anche sbagliato deontologicamente, ma trovo giusto stabilire un contatto amichevole in modo che si senta libero di potersi appoggiare a me in questo percorso.

Questo semplifica tutto il percorso perché se si riesce ad ascoltare un professionista che vi consiglia e si riesce a stabilire una linea comune tutto risulta più facile.
Evitate di mettervi in contrasto o di dover usare l'agente come un vostro sottoposto, perché quello nuocerebbe all'intero processo.
Ricordatevi sempre di mantenere un rapporto alla pari e di farlo mantenere, sia chiaro.
Purtroppo molto spesso i venditori hanno la pretesa di mettere in vendita gli immobili alla cifra che secondo loro è quella più giusta, ignorando le segnalazioni dell'agente in merito ai reali prezzi e alla possibilità effettiva di poter riuscire a vendere o no l'immobile.

Questo è molto frustrante perché non fa sentire il professionista ascoltato, anzi lo mette in un ruolo subordinato e se non arriva il risultato la colpa non sarà mai del proprietario che ha scelto il prezzo, ma dell'agente che non lavora bene.

Sapersi relazionare è fondamentale perché così come l'agente deve essere cortese e professionale, anche voi dovrete essere cortesi con lui.
Quando chiedete le informazioni o discuterete del prezzo da pagare all'agenzia non usate toni intimidatori o tesi a denigrare il lavoro dell'altro perché oltre che non essere giusto, potreste rischiare di ottenere l'effetto opposto a quello desiderato.

2.6 La Provvigione

La provvigione che spetta all'agenzia viene quasi sempre stabilita in una percentuale che viene applicata sul valore del prezzo scelto per la vendita.

Questo non vuol dire che si applica sul prezzo che vedete in pubblicità, ma sul prezzo del venduto reale, cioè di quel prezzo che viene accettato dopo una trattativa all'interno della proposta di acquisto.
La normativa giuridica in materia non stabilisce esattamente a quanto debba ammontare la

provvigione (me ne rendo conto, sembra incredibile)

Tuttavia la Camera di Commercio ha indicato delle percentuali sulle quali orientarsi, che variano a seconda delle regioni e a volte anche delle singole città italiane.

Il panorama dunque è molto diversificato e in media si paga il 2% o il 3% sul prezzo del venduto.
Tengo a sottolineare che ci sono agenzie che chiedono anche il 4% o il 5%, perciò quello che potete leggere qui sopra è veramente indicativo e potrebbe non rispecchiare la realtà.
In alternativa alla provvigione a percentuale esiste il forfait.
Stabilite con l'agente direttamente la cifra e vi accordate.

Mi capita spesso di fare diverse operazioni immobiliari con lo stesso cliente venditore, magari perché ha più oggetti da vendere o deve riacquistare, pertanto stabiliamo un compenso che possa essere conveniente per entrambi.
Ricordatevi che noi agenti immobiliari abbiamo a che fare con le trattative di continuo e a meno che anche voi non siate dei venditori di professione, o esperti in marketing o psicologia,

sappiamo gestire i vari tipi di bluff o tecniche per abbassare il prezzo del nostro compenso.

Quando chiedete qualcosa fatelo in maniera sincera.

Io ad esempio sono (quasi) sempre predisposto a venire in contro al cliente, perché penso che sia un gesto carino e ritengo che le provvigioni immobiliari siano già laute come ricompense. Inoltre credo che sia qualcosa di ben augurante per chi entra in una nuova casa, magari una giovane coppia che con quei duecento o trecento euro risparmiati può comprarsi qualcosa per la casa e dire : " questo ce lo siamo comprati con lo sconto dell'agente…mica male…grazie del frullatore !"

Chiaramente questo succede "quasi sempre" perché se ho davanti un cliente che ha bistrattato il mio lavoro vi posso assicurare che a costo di poter apparire come avaro, non tolgo nemmeno un centesimo.
Ricordatevi che nessuno è obbligato a fare lo sconto.
Perciò ricordatevi sempre che se sarete gentili, la gentilezza essendo circolare vi torna sempre indietro in varie forme.

2.7 Il gran finale

Dopo aver percorso molta strada siete finalmente giunti in dirittura d'arrivo.

Avete trovato l'immobile dei vostri sogni, lo avete guardato, avete visto i documenti e controllato che tutto sia in regola o che sia sanabile da parte del venditore prima dell'atto di vendita, avete stabilito con l'agenzia la proposta di acquisto e a questo punto potreste decidere di andare dal notaio a fare un preliminare o se la situazione è favorevole, risparmiare qualche soldo e andare direttamente al rogito.

Generalmente il contratto preliminare di compravendita è un atto che la parte acquirente tende sempre a voler saltare, preferendo andare direttamente al rogito.
Questo accade per diversi motivi, come ad esempio il dover sostenere un costo extra, dopo aver da pagare agenzia e notaio per il rogito, oppure la presunta inutilità dell'atto stesso dal momento che è già stata firmata una proposta di acquisto irrevocabile in cui sono già inseriti dei termini e delle condizioni contrattuali.

Di fatto il preliminare di compravendita o **Compromesso** in gergo tecnico è un contratto con il quale il venditore e l'acquirente dell'immobile concordano di stipulare una compravendita, entro una certa data e a determinate condizioni, dando nota dello stato dell'immobile, di eventuali criticità note e fornendo dati catastali e documentazione completa in merito al bene in oggetto.

Tenete presente che se vi siete serviti di un agenzia immobiliare per la vostra operazione immobiliare è probabile che non sia necessario per forza richiedere di stipulare un contratto preliminare dopo aver già effettuato la proposta di acquisto, dal momento che nei formulari usati dalla maggior parte degli agenti immobiliari professionali, sono inserite e già presenti clausole sospensive e condizionanti a forma di protezione della parte acquirente e della parte venditrice.

Ad esempio riguardo agli impianti, o all'assenza di ipoteche, vincoli o gravami sull'immobile, alle forme di pagamento ecc... ecc...
Ecco perché spesso i clienti preferiscono andare direttamente al rogito.
La proposta di acquisto, se formulata in maniera attenta e professionale, grazie ai termini contrattuali che porta con se, può rappresentare quasi di fatto un contratto preliminare e permette di accelerare notevolmente le tempistiche.
Il compromesso può essere fatto dal Notaio che provvederà a registrarlo entro trenta giorni dalla

stipula o dall'agente immobiliare o altra figura professionale, entro venti giorni dalla stipula.

L'imposta di registro è di 200€ escluse le spettanze di chi vi ha curato l'atto.

Il pagamento è generalmente a carico della parte acquirente.

Se invece non vi siete serviti di un'agenzia immobiliare per concludere il vostro affare ritengo essenziale il contratto preliminare, a meno che non svolgiate professioni di tipo giuridico o tecnico e che siate quindi in grado di sapervi tutelare a dovere.

Il rogito o contratto definitive è l'atto con cui il Notaio trasferisce la piena proprietà dell'immobile.
Può essere redatto sotto forma di atto pubblico o di scrittura privata con firma atutenticata.

Questo rappresenta l'ultimo passo per l'acquisto del vostro immobile. Adesso dovrete affrontare con molta probabilità i lavori di ristrutturazione.

CAPITOLO III

I lavori di ristrutturazione

3.1 Conteggio dei lavori

A meno che non abbiate avuto la fortuna di trovare un oggetto in vendita di recente ristrutturazione o che il vostro acquisto provenga da una nuova costruzione, avrete necessità di riqualificare l'aspetto del vostro immobile.

Sarà importante verificare i costi da sostenere per poter evitare di andare fuori budget o rischiare di finire in seri guai finanziari.
Quando vedete un immobile che vi piace dovete assolutamente bilanciare emotività e razionalità.

Pertanto la cosa migliore da fare quando andrete in visita e noterete qualcosa che vi piace particolarmente, tornateci con un'impresa edile, per capire a quanto possano idealmente ammontare i lavori o se magari emergono cose che voi non avevate notato.
Questo è un primo passo verso un'idea di quello che potreste spendere per la ristrutturazione, ma sappiate che non basta.
Non basta perché voi potreste portare a vedere quell'immobile venti imprese edili e ognuna di loro vi darebbe un prezzo indicativo.

Con molta probabilità voi scegliereste quello che vi garantisce il prezzo più basso e poi vi ritrovereste al termine dei lavori ad avere dei prezzi totalmente diversi da quelli inizialmente pattuiti.

Questo genere di cose succede per due motivi.

Il primo è che le imprese edili non sanno cosa troveranno dentro le mura della casa o se ci sono cose non visibili nascoste dietro agli arredi che richiedono maggiore lavoro.
Il secondo motivo sta nel fatto che al giorno d'oggi viviamo in un'epoca in cui qualsiasi servizio viene offerto al ribasso e per quanto possa essere interessante risparmiare, c'è sempre da tenere presente che nessuno ti regala niente e che "spendere meno" non significa "aver fatto un affare".
Ecco perché molte imprese vi faranno un prezzo più basso inizialmente e in corso dei lavori vi diranno che c'è un problema di qua... un problema di là... e alla fine dei lavori vi troverete a spendere parecchio di più di quanto avevate pattuito.

E la cosa assurda è che magari spenderete di più di quella ditta edile che vi sembrava avere dei prezzi estremamente alti e che avete scartato all'inizio.

Per cercare di limitare questo problema (uso volutamente il termine limitare e non eliminare perché non è possibile) anziché intraprendere delle trattative estenuanti con le imprese edili, la soluzione migliore è ricorrere al **Computo Metrico.**

Il computo metrico di ristrutturazione è un documento tecnico in cui vengono descritti nel dettaglio gli interventi e i lavori che saranno realizzati nella ristrutturazione totale o parziale dell'appartamento, indicando per ciascuna voce i relativi costi.

Si tratta di uno strumento importante perché vi permette di avere un quadro generale degli interventi da realizzare e dell'impegno economico da affrontare.Il computo metrico è un tipo di servizio che le imprese edili serie generalmente fanno in automatico, proprio perché oltre che essere una forma di garanzia per il cliente, lo è anche per loro.

Come ho già specificato poco fa, il computo metrico serve a limitare il più possibile dei balzi nel prezzo di ristrutturazione, ma va sempre considerato che potrebbero esserci dei problemi che potrebbero farne alzare i costi in fase di lavorazione.
Il costo del computo metrico è generalmente inteso compreso all'interno del costo di

progettazione, se redatto dall'impresa che effettuerà i lavori.

Tuttavia se avete necessità di incrociare più preventivi, richiedere il computo metrico ad impresa che non è certo se effettuerà i lavori o meno, potrebbe avere un costo.

Pertanto onde evitare sorprese vi consiglio di parlare chiaro e chiedere a quanto ammonta il costo di un computo metrico.

3.2 L'impresa edile

Come anticipato nel sotto capitolo precedente, spesso si può sottovalutare l'importanza che un'impresa edile giochi all'interno del nostro progetto abitativo, dando quasi per scontato che ci riesca a spuntare il prezzo più basso con dei tempi di realizzazione veloci.

Tuttavia nella realtà le cose non stanno proprio così, ed ecco che diventa necessario prestare attenzione ad alcune cose.

Pulizia

Sarà importante controllare e direzionare i lavori per far capire a chi lavora nell'abitazione che siete dei proprietari presenti e attenti.

Se avete acquistato un appartamento all'interno di un condominio fate attenzione al livello di pulizia che gli operai adottano o a come portano i materiali fino dentro all'appartamento.

Dico questo perché il vicinato rappresenta un potenziale problema e sta a voi evitare di mettervelo contro. La pulizia del vano scale, la polvere o l'utilizzo del vano ascensore come montacarichi sono il genere di cose che vi potrebbe subito mettere in cattiva luce con i vostri futuri condomini.

Perciò fate attenzione e date delle regole a chi lavorerà per voi, perché sarà vostro il compito di garantire un intervento pulito nel rispetto di chi abita all'interno dello stabile.

Burocrazia

L'impresa incaricata dei lavori deve essere regolarmente iscritta alla camera di commercio e deve avere un'assicurazione professionale.

Inoltre è importante che l'impresa sia disposta a firmare un contratto con voi, nel quale vengono delineate le date di inizio e fine dei lavori con l'aggiunta di relative penali e con la possibilità che difronte a problematiche o modifiche in corso d'opera non vengano autorizzare senza il vostro consenso scritto.

Passerete sicuramente come clienti molto pignoli, ma per esperienza vi posso garantire che nel settore immobiliare le sorprese o le seccature è sempre bene averle prima di intraprendere qualsiasi cosa, perché poi averle dopo significherebbe andare in contro ad una serie di eventi che vi farebbero maledire di non aver agito quando potevate farlo.

3.3 Agevolazioni fiscali per la ristrutturazione

In materia fiscale quando si parla di **"detrazione d'imposta o detrazione fiscale"** si intende una somma che è possibile sottrarre da una tassa per poterne ridurre legalmente l'ammontare. Per capire meglio, l'esempio più classico è quando viene acquistato un immobile come prima casa.

Acquistando come "prima casa" si avrà accesso ad una serie di "scontistiche fiscali" come la riduzione dell'imposta di registro.

Vedremo nel prossimo capitolo come funziona nello specifico

L'agevolazione fiscale sugli interventi di ristrutturazione edilizia è disciplinata dall'art. 16-bis del Dpr 917/86 e consiste in una detrazione dall'Irpef del 36% delle spese sostenute, fino a un ammontare complessivo delle stesse non superiore a 48.000 euro per unità immobiliare.

È prevista, inoltre, una detrazione Irpef, entro l'importo massimo di 96.000 euro, anche per chi acquista fabbricati a uso abitativo ristrutturati.

In particolare, la detrazione spetta nel caso di interventi di restauro e risanamento conservativo e di ristrutturazione edilizia, riguardanti interi fabbricati, eseguiti da imprese di costruzione o ristrutturazione immobiliare e da cooperative edilizie, che provvedano entro 18 mesi dalla data di termine dei lavori alla successiva alienazione o assegnazione dell'immobile.

Indipendentemente dal valore degli interventi eseguiti, l'acquirente o l'assegnatario dell'immobile deve comunque calcolare la detrazione su un importo forfetario, pari al 25% del prezzo di vendita o di assegnazione dell'abitazione (comprensivo di Iva). Anche questa detrazione va ripartita in 10 rate annuali di pari importo.

3.4 Cessione del credito

Si tratta di un contratto con cui un creditore trasferisce il proprio diritto di credito a un terzo soggetto, che lo riscuoterà dal debitore.

Ad esempio nel caso del Superbonus 110% – l'incentivo previsto dal decreto Rilancio per lavori di efficientamento energetico e adeguamento antisismico sulle abitazioni – a essere ceduto è il credito d'imposta. Si tratta di un credito verso lo Stato con cui si possono compensare i debiti o ridurre le imposte dovute.

Ai sensi dell'articolo 121 del decreto-legge n. 34 del 2020 (c.d. Decreto Rilancio), i soggetti che negli anni 2020 e 2021 sostengono spese per gli interventi di ristrutturazione edilizia possono optare, in luogo dell'utilizzo diretto della detrazione spettante, alternativamente:

Per un contributo, sotto forma di sconto sul corrispettivo dovuto, fino a un importo massimo pari al corrispettivo stesso, anticipato dai fornitori che hanno effettuato gli interventi e da questi ultimi recuperato sotto forma di credito d'imposta, di importo pari alla detrazione spettante, con facoltà di successiva cessione del credito ad altri soggetti, compresi gli istituti di credito e gli altri intermediari finanziari

Per la cessione di un credito d'imposta di pari ammontare, con facoltà di successiva cessione ad altri soggetti, compresi gli istituti di credito e gli altri intermediari finanziari.

Le seguenti regole valgono per l'anno 2022 e pertanto potrebbero cambiare nei prossimi anni. Suggerisco di controllare sempre presso il sito dell'Agenzia delle Entrate nella sezione ristrutturazioni edili per rimanere aggiornati sui bonus in vigore.

CAPITOLO IV

Fiscalità

4.1 Le imposte

Cercare casa, trovarla e pensare a come renderla abitabile e come viverci da soli o insieme a tutti coloro a cui volgiamo bene è veramente un passo importante.

Tuttavia qualcosa potrebbe guastare questo scenario così idilliaco.

Mi sto riferendo chiaramente alle imposte.

Le imposte sono quel genere di cose che se non vengono calcolate in anticipo o peggio vengono ignorate per dare seguito solo alla parte emotiva anziché comprendere anche quella razionale, rischiano di farvi entrare nella nuova abitazione già infastiditi.

Pertanto è bene sapere che le imposte sono le seguenti:

- IVA
- Imposta di Registro
- Imposta Catastale
- Imposta Ipotecaria

L'IVA (Imposta sul valore aggiunto)

si paga solo nel caso di acquisto da un'impresa di costruzioni da un'azienda dedita alla compravendita di immobili.

L'importo è calcolato sul valore dichiarato al rogito, indipendentemente da quello catastale.

4.2 Imposta di registro

E' un' imposta che colpisce il trasferimento di ricchezza, come ad esempio l'acquisto di un appartamento. E' dovuta per la registrazione di una scrittura, pubblica o privata, ed è commisurata ai valori dichiarati nella medesima scrittura. L'imposta di registro è ridotta quando l'acquisto riguarda la prima casa. Questa riduzione viene applicata anche alle pertinenze se comprate con un atto separato rispetto a quello della compravendita della prima casa.

4.3 Agevolazioni fiscali

Le **agevolazioni** vengono applicate in questi casi:

- Il fabbricato rientra in specifiche categorie catastali
- Il fabbricato è ubicato nel Comune in cui l'acquirente ha o avrà la residenza oppure lavora.

- L'acquirente è in possesso di determinati requisiti.

Le agevolazioni fiscali cambiano a seconda da chi è il venditore, pertanto:

Se il venditore è un privato:

➤ Imposta di registro proporzionale nella misura del 2% del valore catastale dell'immobile (invece dell'ordinario 9%)
➤ Imposta ipotecaria fissa di 50 euro
➤ Imposta catastale fissa di 50 euro

Se il venditore è un'impresa, con vendita soggetta a Iva:

➤ Iva ridotta al 4% (invece del 10%)
➤ Imposta di registro fissa di 200 euro
➤ Imposta ipotecaria fissa di 200 euro
➤ Imposta catastale fissa di 200 euro

I fabbricati che rientrano nelle specifiche categorie catastali e in grado di poter applicare le agevolazioni sono i seguenti:

- A/2 (abitazioni di tipo civile)

- A/3 (abitazioni di tipo economico)
- A/4 (abitazioni di tipo popolare)
- A/5 (abitazioni di tipo ultra popolare)
- A/6 (abitazioni di tipo rurale)
- A/7 (abitazioni in villini)
- A/11 (abitazioni e alloggi tipici dei luoghi)

Non sono previste agevolazioni "prima casa" se l'immobile appartiene alle categorie catastali:

- A/1 (abitazioni di tipo signorile)
- A/8 (abitazioni in ville)
- A/9 (castelli e palazzi di eminenti pregi artistici e storici).

Le agevolazioni valgono anche per l'acquisto delle pertinenze appartenenti alle seguenti categorie catastali:

- C/2 (magazzini e locali di deposito)
- C/6 (per esempio, rimesse e autorimesse)
- C/7 (tettoie chiuse o aperte)

I requisiti legati alle agevolazioni possono essere persi (con la conseguenza di dover versare le imposte fino a quel momento risparmiate, più gli interessi e una sanzione generalmente commisurata al 30% del valore sulle imposte stesse) se:

- Le dichiarazioni nell'atto di acquisto risultano false.
- L'abitazione è venduta o donata prima che siano trascorsi 5 anni dalla data di acquisto, salvo che entro un anno, non si riacquisti un altro immobile, anche a titolo gratuito, da adibire a propria abitazione.
- Non si sposta la residenza nel comune in cui si trova l'immobile entro diciotto mesi dall'acquisto;
- Entro l'anno dall'acquisto del nuovo immobile non viene venduto quello già in possesso, acquistato precedentemente con le agevolazioni "prima casa".

L'imposta catastale è un tributo che va pagato conseguentemente alla voltura di un passaggio di proprietà immobiliare.

Non riguarda solamente la compravendita, ma anche le successioni e le donazioni.

Per i fabbricati iscritti in catasto, la base imponibile è rappresentata dalla rendita catastale dell'immobile, rivalutata del 5% e moltiplicata:

- **per 140** se si tratta di fabbricati classificati nei gruppi catastali B (collegi, convitti, ecc.).
- **per 100** per i fabbricati dei gruppi catastali A e C (con esclusione delle categorie A/10 e C/1);
- **per 50** per i fabbricati del gruppo catastale D e della categoria A/10;
- **per 34** per i fabbricati della categoria C/1.

L'imposta ipotecaria è un tributo che viene pagato in occasione di registrazione formale di un atto all'interno dei registri immobiliari (conservatoria).

Questo genere di tributo viene applicato a seguito di cessioni immobiliari, successioni, donazioni o costituzione di ipoteche.

L'aliquota dell'imposta ipotecaria è pari a:

- **50 euro** (imposta in misura fissa) per l'acquisto, da soggetti privati, di immobili che rappresentano "prima casa" e non sono di lusso (quindi appartenenti alle categorie catastali A/1, A/8, A/9)
- **50 euro** (imposta in misura fissa) per l'acquisto, da soggetti privati, di immobili

che non rappresentano prima casa (quindi seconda casa, terza, ecc.);
- **200 euro** (imposta in misura fissa) per l'acquisto, da imprese, di immobili che rappresentano prima casa;
- **200 euro** (imposta in misura fissa) in caso di donazione o successione se per almeno uno dei beneficiari rappresenta "prima casa";
- **2%** del valore catastale in tutti gli altri casi (quindi anche per la successione di una non prima casa); la base imponibile su cui applicare l'aliquota é il valore catastale dell'immobile o del terreno agricolo trasferito.

CAPITOLO V

Il mercato giudiziario

Introduzione

Il mercato giudiziario è per sua natura una tipologia di mercato nel quale ci sono dei vincoli e pertanto il bene immobile non può essere venduto senza che un altro soggetto (creditore) sia d'accordo alla vendita o venga sostituito al proprietario mettendo in vendita, al suo posto l'immobile.

5.1 Modalità di acquisto nel mercato giudiziario

Fino ad ora abbiamo visto come procedere se vogliamo operare all'interno del mercato libero che sicuramente rappresenta la forma più conosciuta e canonica per chiunque voglia acquistare un immobile.

Tuttavia ci sono delle situazioni in cui per mancanza di fondi non è possibile riuscire a trovare un oggetto che rispecchi le nostre aspettative, ed è li che entra in gioco il mercato giudiziario.

* Nota importante prima di proseguire *

Questo libro è stato concepito come guida per chi è sprovvisto di esperienza nel settore immobiliare, ma che ha necessità di averci a che fare per portare in fondo una compravendita.

Lo scopo è quello di aiutare a non ricevere fregature e imparare le basi per poter sapere come muoversi senza farsi trovare impreparato.

Pertanto per quanto riguarda il mercato giudiziario, farò un elenco di ciò che è possibile trovare come campi applicativi, ma approfondirò soltanto l'argomento delle Aste Giudiziarie, poiché le altre tecniche sono prettamente ad appannaggio di soggetti in grado di padroneggiare la materia immobiliare, giuridica e finanziaria e che sono prevalentemente interessati alla speculazione in questo settore.

Nel mercato giudiziario si può ricorrere a:

- **Asta giudiziaria**
- Saldo e stralcio
- NPL (Non Performing Loans)
- UTP (Unshielded Twisted Pair)

5.2 Le aste

L'asta giudiziaria è un procedimento esecutivo, mediante il quale viene messo in vendita forzata un bene immobile da parte del creditore al fine di rifarsi sul prezzo che verrà ricavato dalla vendita.

In asta un bene ci arriva perché ad esempio il soggetto proprietario del bene immobile non riesce a pagare il mutuo o il condominio o un prestito con un istituto di credito.

Dopo diverse rate non pagate, il creditore decide quindi di procedere notificando un intimazione di pagamento entro un determinato periodo di tempo e se entro quel periodo il debitore non riuscirà ad adempiere, l'atto si convertirà in pignoramento.

In questa fase il debitore prende il nome di **"esecutato"**.

Con la conversione in pignoramento inizia così la vera e propria procedura esecutiva.

Verrà quindi nominato un perito (chiamato CTU) che procederà alla stima del bene e alla redazione della stima di vendita.

Poi verrà nominato il delegato alla vendita al quale andrà presentata l'offerta e il giudice delegato che si occuperà della procedura esecutiva, della data d'asta e del prezzo base e offerta minima.

Ora che abbiamo compreso gli aspetti base di come arriva un immobile in asta e dei nomi dai ai soggetti che ne partecipano, continuiamo ad approfondire la materia capendo quanti tipi di aste esistono.

Asta con incanto e senza incanto

Non appena inizierete la ricerca di un immobile in asta tramite qualche portale immobiliare, vi troverete a leggere all'interno dei documenti del perito che l'asta è con **incanto** o **senza incanto.**

Nel settore delle aste giudiziarie esistono due tipologie di aste:

Con *Incanto* sono le aste che si fondano sulla pratica del rialzo e vince chi offre di più.

Per intendersi è come Ebay o come si vede nei film.

Si parte da una base d'asta stabilita dal giudice e chi partecipa è libero di rilanciare un offerta nella quale tra un rilancio e l'altro intercorre un tempo massimo di alcuni minuti.

Se entro i minuti stabiliti dal giudice nessuno fa un'offerta più alta, sarà colui il quale ha fatto l'ultima offerta ad aggiudicarsi il bene provvisoriamente.

Scrivo provvisoriamente perchè viene concessa la possibilità entro i dieci giorni successivi all'asta, che uno dei partecipanti possa presentare un ulteriore offerta che dovrà essere però superiore di un quinto rispetto al valore dell'aggiudicazione provvisoria.

Questo prende il nome di "**rialzo del quinto**".

Se si verifica questa situazione il giudice è costretto a indire una nuova asta partendo dal prezzo rialzato di un quinto.

Le aste *senza incanto* prevedono che chi vuole partecipare all'asta offra la cifra che ritiene più opportuna consegnando una busta all'interno della quale devono essere presenti tutti i dati dell'offerente e tutti i dati relativi all'immobile in asta che sono presenti nell'avviso di vendita.

Deve essere inserito all'interno della busta anche un assegno circolare intestato alla procedura e deve essere in percentuale pari al valore indicato all'interno dell'avviso di vendita.

Il giorno dell'asta si potrebbero verificare le seguenti possibilità:

- Sei l'unico partecipante e ti aggiudichi l'oggetto.
- Non sei l'unico partecipante e dopo aver aperto le buste il giudice invita i partecipanti a rilanciare partendo dalla cifra più alta presentata.

- Nessuno presenta offerte o le offerte presentate non sono regolari per dei vizi di forma. In questo caso il Giudice può indire una nuova asta con un prezzo di base più basso basato sull'offerta minima dell'asta precedente.

Nelle aste senza incanto il periodo di dieci giorni in cui un offerente che non si è aggiudicato l'asta può tornare in gioco, non è concesso.
Per partecipare alle aste non è necessario alcun requisito speciale se non quello di essere maggiorenni. E' possibile riuscire a completare un asta in totale autonomia o rivolgendosi ad un Agente immobiliare esperto in questo genere di vendite o un legale.

5.3 Cercare gli oggetti in asta

Per trovare un potenziale immobile da acquistare in asta la cosa più semplice che potete fare è andare su internet ed andare a cercare sui seguenti portali di Aste:

- astegiudiziarie.it
- astalegale.net
- astetelematiche.it
- fallcoaste.it
- entietribunali.it

Dovrete inserire la vostra area di ricerca, se state cercando beni immobili o mobili e vedere se da quello che emerge trovate qualcosa che sia di vostro interesse.

Vi consiglio di guardare più portali possibili perché quello che trovate su uno, non lo troverete con molta probabilità su un altro.

L'alternativa al consultare il web è procedere tramite smartphone.

Andate sul app store del vostro dispositivo e cercate le seguenti applicazioni:

- Aste giudiziarie
- Astalegale

Vi avviso fin da subito che ci sono meno oggetti in vendita rispetto alla ricerca via Web.

Un'altra opzione è rivolgersi ai portali immobiliari che vi rimanderanno alle agenzie immobiliari.

In questo caso potrete prendere contatto con un agente immobiliare che cercherà in asta quello di cui avete bisogno e compatibilmente con la disponibilità degli oggetti in vendita vi aiuterà ad ottenere l'immobile seguendo insieme a voi l'asta e occupandosi di tutta la parte tecnica.

Comprendere una perizia

Come ho spiegato poco più indietro, per partecipare ad un'asta non è richiesto nessun titolo abilitativo, ma è necessario avere quanto meno una conoscenza di base del linguaggio giuridico e una certa padronanza del mezzo tecnologico.

CONCLUSIONI

Siamo giunti alla fine di questo breve ma intenso percorso formativo e pratico del settore immobiliare.

Spero che questa guida possa esservi di aiuto nel momento in cui avrete deciso di intraprendere il vostro primo obbiettivo immobiliare.

Troverete infine un glossario con i termini più comuni che fanno parte del settore immobiliare, così in caso di necessità potrete avere una referenza immediata dei termini più frequenti e di uso comune che potrete trovare nel linguaggio immobiliare e in alcune parti di questo libro.

All'interno della sezione sulla sitografia troverete anche gli indirizzi URL del sito Omi e del borsino immobiliare.

GLOSSARIO IMMOBILIARE

A

A corpo (vendita)

Vendita effettuata prescindendo dalle effettive misure dell'immobile.

A misura

Vendita immobiliare effettuata sulla base delle misure. Nelle compravendite tra privati non viene praticamente mai adoperata perché per il venditore presenta un rischio non indifferente: se a un successivo controllo risulta uno scarto tra quanto dichiarato in atto e la realtà, l'acquirente ha diritto a un indennizzo.

Abitabilità

L'insieme delle condizioni previste dalla legge che rendono abitabile un edificio o un appartamento: autorizzazione, licenza di abitabilità.

Abitazione

Edificio, o parte di esso, in cui si abita casa, dimora: un'abitazione modesta, lussuosa.

Abitazione principale

Abitazione in cui si stabilisce la propria dimora abituale. Ai fini fiscali è una definizione utilizzata per gli sconti sulle imposte di proprietà (Irpef e Ici) e differisce da quella di "prima casa", usata per le imposte sui trasferimenti (compravendite, eredità, donazioni). Inoltre, mentre per l'Irpef (detrazioni sulla rendita e sui mutui per l'acquisto) è sufficiente che vi abitino i familiari del contribuente, per l'Ici deve abitarvi anche il contribuente stesso.

Abuso edilizio

Variazione della struttura o della volumetria di un immobile non approvata dagli uffici competenti o non sanata successivamente. La presenza di abusi edilizi vieta il trasferimento dell'immobile.

Accertamento

Controllo che il fisco esegue, anche nel caso di compravendita di immobili, verificando la dichiarazione effettuata (o non effettuata) da parte del contribuente, comunicando poi la sua valutazione. Nel caso di rogito di un alloggio l'accertamento è automatico se si dichiara un valore inferiore a 100 volte la rendita catastale.

Accollo del mutuo

Contratto con cui l'acquirente di un immobile gravato da mutuo ipotecario, anziché chiedere l'estinzione del mutuo e la sua cancellazione, si assume l'obbligo di pagare le restanti rate, ovviamente ottenendo in cambio uno "sconto" sul prezzo dell'immobile acquistato. In genere le Banche adottano il cosiddetto "accollo cumulativo", in cui il debitore iniziale (detto "accollato") resta obbligato in solido con il nuovo debitore (l'accollante).

Acquisto

L'acquistare, il fare proprio: l'acquisto di un appartamento; l'acquisto di un diritto, fare acquisti, fare compere | l'acquisto di un giocatore, (sport) il suo ingaggio | potere d'acquisto (di una moneta), (econ.) la quantità di beni acquistabile con una data unità monetaria | è stato un bell'acquisto, (iron.) è stato un pessimo affare.

Affitto

1 Cessione temporanea del godimento di un bene mobile o immobile in cambio del pagamento di un canone; locazione: dare, prendere in affitto un appartamento; nell'uso com., lo stesso che noleggio: prendere in affitto un'automobile. 2 Il

prezzo convenuto per tale godimento in un dato periodo di tempo: pagare l'affitto.

Agente Immobiliare

Chi intermedia una transazione in vendita di una casa. L'agente non deve essere mai proprietario dell'immobile e deve essere iscritto al ruolo dei mediatori tenuto presso le camere di commercio.

Agenzia Immobiliare

Impresa che assume e tratta affari come intermediaria: agenzia immobiliare, per la compravendita e l'affitto di immobili | contratto di agenzia, quello con il quale una parte assume l'incarico di promuovere per conto dell'altra la conclusione di contratti in una data zona, per un compenso di solito percentuale.

Agriturismo

Forma di turismo che consiste nel soggiornare presso un'azienda agricola dietro pagamento o con l'impegno di collaborare alle attività stagionali.

Alloggi

Luogo in cui si dimora abitazione, casa: cercare, dare, trovare alloggio alloggi popolari.

Ammortamento

Estinzione rateale di un debito: ammortamento di un prestito l'ammortamento del debito pubblico. Es.: mutuo.

Ampliamento

L'ampliare, l'ampliarsi, l'essere ampliato: lavori di ampliamento, di un edificio, un ambiente.

ANACI

Associazione nazionale degli amministratori immobiliari.

ANAMA

Associazione nazionale agenti mediatori di affari. Organizzazione degli agenti immobiliari aderente a Confesercenti.

Androne

Ambiente di passaggio che dal portone esterno di un edificio immette nella scala o nel cortile interno.

Annotazione Ipotecaria

Atto con cui viene pubblicizzato il trasferimento di un credito da ipoteca ad altri (per esempio a un'altra banca).

Annuncio Immobiliare

Breve testo scritto con cui si comunica una notizia: annuncio di nascita | annuncio economico, offerta o richiesta di interesse economico pubblicata dai giornali in apposite rubriche es.: annuncio immobiliare | annuncio pubblicitario, testo, immagine, sequenza, usati per pubblicizzare un prodotto, un servizio.

Appalto

Contratto con cui una persona o un'impresa (appaltatore) assume a proprio rischio e con propri mezzi l'esercizio di un'attività o l'esecuzione di un'opera affidatale da un'altra persona, impresa o ente (appaltante) in cambio di un corrispettivo in denaro: dare, prendere in appalto gara di appalto vincere un appalto.

Assemblea

Organo sovrano del condominio hanno diritto a parteciparvi tutti i condomini, indipendentemente dalle loro quote millesimali di possesso.

Assemblea di condominio

Organo collegiale che rappresenta la volontà del condominio. Vi partecipano di diritto tutti i condomini e in certi casi anche gli usufruttuari e i conduttori. Questi ultimi hanno spesso dritto di voto per le delibere che riguardano l'impianto di riscaldamento e condizionamento.

Asta

Vendita pubblica di beni al migliore offerente: vendere, mettere all'asta asta fallimentare, quella dei beni di proprietà di un'impresa o di un imprenditore fallito | procedimento con cui l'autorità monetaria di un paese colloca i buoni ordinari del tesoro | asta pubblica, procedimento con cui lo stato o un altro ente pubblico dà in appalto la realizzazione di un'opera o lo svolgimento di un'attività o di un servizio | asta al rialzo, al ribasso, con offerte che aumentano il prezzo (nelle vendite) o lo diminuiscono (negli appalti).

Atto notorio

Atto ricevuto da pubblico ufficiale nel quale vengono verbalizzate deposizioni o asserzioni giurate.

Atto pubblico

Documento redatto nelle forme di legge da un notaio o da altro pubblico ufficiale che, in genere, ha determinati obblighi di verifica del contenuto dell'atto.

Atto sostitutivo di atto notorio

Dichiarazione sostitutiva di documentazione pubblica che la legge concede in casi determinati, resa davanti a un pubblico ufficiale incaricato di verificare l'identità del dichiarante, ma non la corrispondenza a verità delle sue asserzioni.

Autocertificazione

Dichiarazione del cittadino che certifica, sotto responsabilità penale, i propri dati anagrafici può sostituire il certificato rilasciato dal competente ufficio comunale.

B

Bagno

Stanza con vasca da bagno e servizi igienici; la vasca da bagno stessa e, per eufem., locale con i soli servizi igienici.

Balcone

Ripiano generalmente di pietra o cemento armato, chiuso da un parapetto, che sporge dal muro esterno di un edificio in corrispondenza di una porta-finestra.

Bene immobile

È bene immobile il suolo, gli edifici e le costruzioni edili, le sorgenti, i corsi d'acqua, tutto ciò che è artificialmente o naturalmente incorporato al suolo (per esempio, condotta idrica o albero).

Box

Autorimessa al piano terreno o seminterrato di un edificio per il ricovero di una sola autovettura.

C

Caparra

Somma di denaro o altro bene fungibile che una parte contraente versa all'altra quando viene stipulato un contratto, specie preliminare, a garanzia dell'adempimento o come penale in caso di recesso ingiustificato: caparra confirmatoria, penitenziale.

Capitolato

Descrizione precisa e dettagliata dei lavori da eseguire, e del materiale impiegato, e fa parte integrante del contratto d'appalto con il quale viene affidato a un'impresa la costruzione o i lavori di manutenzione o ristrutturazione di un immobile.

Casa

Edificio a uno o più piani, suddiviso in vani e adibito ad abitazione; l'appartamento in cui una famiglia dimora: vivere in una bella casa; casa signorile, popolare; la casa paterna; essere, stare in casa; cercar casa; casa di proprietà, in affitto ' seconda casa, quella che si possiede per trascorrervi le vacanze o i weekend | metter su casa, arredarla; per estens., andare a vivere per proprio conto | padrone di casa, il proprietario, rispetto all'inquilino; anche il capofamiglia | donna di casa, casalinga | lavori di casa, quelli necessari per l'igiene e l'efficienza dell'abitazione e la vita materiale della famiglia | fatto in casa, non confezionato industrialmente: dolce fatto in casa | fare gli onori di casa, ricevere un ospite coi riguardi dovuti | essere (tutto) casa e lavoro, non concedersi divertimenti, distrazioni | abito da casa, semplice, di poco valore | casa di Dio, la chiesa | casa del diavolo, l'inferno; (fig.) luogo molto lontano, difficile da raggiungere | giocare in casa, riferito a una squadra sportiva, giocare nella propria città (fig.) trovarsi a operare in una situazione favorevole | star di casa, abitare; non sapere dove sta di casa qualcosa, (fig.) non conoscerla affatto | riportare a casa la pelle, (fig.) salvarsi | sentirsi a casa propria, a proprio agio.

Catasto

È l'Ufficio finanziario presso il quale sono custodite le mappe catastali, sulle quali si trovano le planimetrie dei fabbricati e le mappe dei terreni.

Categoria catastale

La categorie catastali sono cinque: A (abitazioni), B (edifici a uso collettivo, come caserme o scuole), C (commerciali come box, negozi, tettoie), D (immobili industriali), E (immobili speciali). In ogni categoria ci sono più distinzioni: fra le abitazioni si distinguono la A1 (lusso), A2 (civile), A3 (economica), A4 (popolare), A5 (ultrapopolare), A6 (case rurali), A7 (villini), A8 (ville), A9 (immobili storici). Nel rogito è spesso indicata in forma abbreviata con "CAT.".

Classe

Le classe catastali sono in numero molto variabile. A ogni categoria catastale (vedi) ne corrispondono una sola (unica) fino a molte decine. È un ulteriore elemento identificativo dell'immobile, e viene attribuito dall'Ufficio tecnico erariale. Nel rogito è spesso abbreviata con "CL.".

Compromesso

Contratto preliminare di compravendita immobiliare | accordo tra due parti per deferire ad arbitri la decisione d'una controversia.

Concessione edilizia

L'atto con cui il Comune concede la costruzione di un immobile purché la destinazione d'uso e i volumi realizzati rispettino gli strumenti urbanistici. Qualsiasi difformità dalla concessione costituisce abuso edilizio. Un'abitazione con abusi non sanati può essere venduta ma il venditore deve dichiararlo nel rogito.

Condono edilizio

Se ci sono difformità tra la planimetria originariamente depositata in catasto e quella attuale vi sono due possibilità o si tratta di semplici irregolarità formali sanabili con una semplice segnalazione in catasto o invece si tratta di irregolarità sostanziali, che violando leggi e regolamenti urbanistici andavano "sanate" mediante il condono edilizio. Non è possibile vendere una casa non condonata.

Conduttore

Sinonimo di inquilino.

Conservatoria del Registro

Ufficio dove si conservano e si aggiornano i documenti che attestano i passaggi di proprietà degli immobili.

D

D.I.A. (Dichiarazione di inizio attività)

Documento redatto da un professionista abilitato che descrive i lavori di manutenzione straordinaria da effettuarsi in un immobile.

Deposito Cauzionale

Somma versata a garanzia. Nella locazione la versa l'inquilino per garantire la buona conservazione della casa.

Dimora

Luogo in cui una persona abita temporaneamente; per estens., casa, abitazione: fissare, stabilire la propria dimora in un luogo; una dimora modesta, signorile | non avere fissa dimora, essere nomade.

Direttore dei Lavori

Nei rapporti di appalto è il tecnico incaricato dal committente di verificare le opere eseguite dall'appaltatore.

Domicilio

Luogo dove una persona ha la sede principale dei propri affari e interessi | eleggere il (proprio) domicilio, stabilire con atto scritto un domicilio speciale in relazione a determinati affari o fini | domicilio fiscale, quello che ogni contribuente deve avere ai fini dei rapporti con l'amministrazione finanziaria.

E

Evizione

Perdita del possesso di un bene da parte del compratore qualora vi sia un'altra persona provvista di maggiori titoli | garanzia per l'evizione, garanzia che il venditore deve prestare al compratore nel caso in cui un terzo faccia valere diritti sulla cosa venduta.

F

Fideiussione

Atto con cui un soggetto (fideiussore o garante) si obbliga personalmente verso il creditore di un altro soggetto (debitore), garantendo l'adempimento di un'obbligazione. In genere fideiussore e debitore sono obbligati in solido, cioè il credito può essere richiesto indifferentemente sia all'uno che all'altro (salvo non sia specificata una priorità). Pagando, il fideiussore diviene a sua volta creditore del debitore.

Foglio di mappa

Rappresentazione grafica di porzione di territorio ai fini catastali, dove sono inserite le forme geometriche delle particelle catastali, indicando per ciascuna il numero di riferimento, detto mappale.

G

Garage

Autorimessa.

Gazebo

Chiosco da giardino; piccolo belvedere.

Giardino

Appezzamento di terreno in cui si coltivano fiori e piante ornamentali: giardino privato, pubblico; giardino pensile, su terrazza; giardino all'italiana, diviso in aiuole geometricamente ordinate; giardino all'inglese, con vasti prati, boschetti e piante sparse | giardino zoologico, lo stesso che zoo | giardino d'infanzia, asilo per la prima educazione dei bambini al di sotto dei sei anni | giardino d'inverno, larga sala con le pareti a vetri, ricca di piante, un tempo tipica di alberghi o ville di lusso.

I

I.V.A. (imposta sul valore aggiunto)

Tributo preteso dallo Stato sulle transazioni a carattere commerciale. Nelle transazioni immobiliari si versa sempre l'Iva quando a vendere o a locare è un'impresa o una cooperativa costruttrice. L'Iva assomma al 4% del valore dichiarato per l'acquisto di prime case e delle loro pertinenze e al 10% per le altre. Sono sottoposti ad Iva anche gli appalti e, in genere, tutti gli acquisti di oggetti o materiali (dalla lampadina all'impianto di condizionamento).

ICI

Imposta diretta sul patrimonio immobiliare che viene riscossa dai comuni.

Imposta di registro

Imposta che grava sulla registrazione dei trasferimenti di immobili tra privati o tra società non commerciali o di altri atti (contratti di locazione o comodato, ad esempio). Per i trasferimenti, ammonta al 3% sulle prime case e al 7% sugli altri immobili. Per la registrazione delle locazione al 2% annuo del canone.

Imposta di successione

Prelievo che colpisce i trasferimenti per causa di morte, soppresso da recenti provvedimenti legislativi. Sui beni immobili o diritti reali immobiliari compresi nell'attivo ereditario continuano a essere dovute le imposte ipotecarie e catastali, rispettivamente nella misura del 2% e dell'1%, applicate alla base imponibile determinata secondo le disposizioni relative all'imposta sulle successioni.

Imposte di trasferimento

Sono le imposte che vanno pagate all'atto della compravendita, della successione ereditaria o della donazione : registro (o Iva se a vendere è un'impresa immobiliare), imposte ipotecarie e catastali, tutte a carico del compratore; Invim, un tempo a carico del venditore.

Imposte ipotecarie e catastali

Da pagare in caso di acquisto, successione e donazione, assommano complessivamente al 3% del valore dell'immobile, a meno che siano dovute in misura fissa (258,23 euro), come accade nell'acquisti di una prima casa.

Ipoteca

Diritto reale di garanzia sui beni immobili o mobili registrati (navi, aerei, automobili) che attribuisce al creditore il potere di espropriare, anche in presenza di terzi acquirenti, il bene vincolato a garanzia del suo credito e soddisfarsi con precedenza sul ricavato dell'espropriazione: mettere, accendere, spegnere, cancellare un'ipoteca; liberare da un'ipoteca; proprietà gravata di, da ipoteca | fare, mettere, porre un'ipoteca su qualcosa.

IRPEF

Imposta sui redditi delle persone fisiche. Ai fini Irpef l'abitazione ha un reddito pari alla rendita catastale. Se si ha più di una casa, quelle non abitate direttamente dal proprietario o dai suoi familiari hanno la rendita aumentata di un terzo.

IRPEG

Imposta sul reddito delle persone giuridiche (società).

Istruttoria (nel mutuo)

Analisi del reddito e delle spese mensili del nucleo familiare o dell'impresa condotta da un istituto di credito per stabilire le capacità future di rimborso da parte di chi ha richiesto il mutuo. Le spese di istruttoria possono essere comprese nel costo del mutuo o versate a parte.

L

Locatario

Chi riceve un bene in locazione; affittuario: il locatario di un appartamento.

Locatore

Chi cede un bene in locazione: il locatore di un appartamento.

Locazione

Contratto con cui una parte (locatore) concede a un'altra (locatario) il godimento di un bene mobile o immobile per un certo tempo e dietro un corrispettivo determinato; affitto: dare una casa in locazione.

Loft

Grande solaio o ex-magazzino trasformato in abitazione o studio a spazio aperto.

M

Mandato

Contratto col quale una parte si obbliga a compiere uno o più atti giuridici per conto dell'altra. Chi conferisce il mandato è il mandante, chi lo riceve è il mandatario. A differenza del mediatore, il mandatario cura solo gli interessi di una parte e ha diritto al pagamento dell'onorario anche se non conclude un affare. Si distingue in mandato con rappresentanza e senza. Nel primo (più diffuso) gli effetti giuridici degli atti compiti sono in capo al mandante (chi ha dato il mandato). Nel secondo, sono in capo al mandatario (chi ha ricevuto il mandato), che però ha l'obbligo di trasferire, con un atto successivo, il diritto acquistato in nome proprio.

Multiproprietà

Acquisto del diritto all'uso di un'abitazione per un determinato periodo dell'anno. Nel sistema giuridico italiano si acquista in genere un diritto su una porzione di immobile. Nel sistema anglosassone (timesharing) si acquista invece una porzione di tempo e la gestione delle quote viene affidata a un trust. Esistono formule miste, come la "nuovelle propriètè " francese, in cui si acquista interamente l'immobile, ma è trasferito contemporaneamente un diritto di usufrutto decennale a una società di gestione, che l'utilizza per locare l'immobile ad altri.

N

Nuda proprietà

Quanto resta del diritto di proprietà sull'immobile dopo la cessione dell'usufrutto. Il nudo proprietario non ha alcun diritto sulla casa fino alla scadenza dell'usufrutto.

P

Particella catastale

Terreno o unità immobiliare nella rappresentazione dei fogli catastali che appartiene a una stessa "ditta catastale" (proprietario, società eccetera) ed ha unica qualità, classe, destinazione.

Partita catastale

È il documento in cui dovrebbero essere elencate in Catasto tutte le unità immobiliari possedute dalla stessa "ditta catastale" (cittadino, società, eccetera).

Perizia

Esame eseguito da un esperto per determinare il valore di un bene, l'autenticità di un'opera d'arte ecc. | (dir.) attività svolta da un perito in un processo penale (nel processo civile prende il nome di consulenza tecnica); anche, la relazione in cui vengono esposte le conclusioni cui giunge il perito.

Pertinenza

Porzione autonoma di fabbricato legata all'immobile principale da un rapporto di servizio, per volontà del proprietario e per sua reale destinazione. Può anche essere dotata di autonoma rendita catastale. Ad esempio un box, una cantina o un solaio rispetto all'appartamento situato nello stesso fabbricato. Le pertinenze ai fini Irpef e imposte di trasferimento godono dello stesso trattamento applicato all'immobile principale. Quindi se si acquista un box di pertinenza a una "prima casa" si pagherà l'aliquota ridotta.

Planimetria

In topografia, studio dell'andamento della superficie del terreno riferita a un piano orizzontale.

Prima casa

Nel linguaggio corrente è sinonimo di abitazione principale. In quello fiscale è cosa diversa: rappresenta il primo immobile in proprietà o possesso a una persona, per il quale si possono godere agevolazioni fiscali sui tributi per i trasferimenti (acquisto, vendita, eredità, donazione). Non è espressamente dichiarato dalla legge che sia adibito a dimora abituale del contribuente o dei suoi familiari anche se deve comunque essere nel comune di residenza. Il titolare non deve essere proprietario, neppure per quote o in comunione con il coniuge, su tutto il territorio nazionale, dei diritti di proprietà, usufrutto, uso, abitazione e nuda proprietà su altra casa di abitazione acquistata con le agevolazioni prima casa previste dalla normativa in vigore e da quella precedente.

Provvigione

Percentuale che spetta all'agente immobiliare per la sua mediazione. La provvigione, salvo accordi diversi, comprende le spese ma mai l'Iva (20%) ed è dovuta sia dal venditore sia dall'acquirente.

R

Regolamento Condominiale

Norma interna al condominio, che regola tutti quegli aspetti dell'utilizzo dei beni comuni che non siano già previsti dal codice civile e che in alcuni casi può addirittura derogare dal codice civile. Può essere di due tipi: contrattuale, quando è stato predisposto dal costruttore o da tutti i condomini e la modifica è possibile solo con l'unanimità dei consensi, mentre è assembleare quando è stato deciso a maggioranza dall'assemblea condominiale. L'acquisto di un appartamento comporta l'automatica accettazione del regolamento di condominio.

Regolamento Edilizio

(Regio Decreto 383/34) Insieme di norme che disciplinano le procedure edilizie del comune, i funzionamenti e la composizione degli organi, le norme di conformità morfologiche e tecnologiche delle opere, gli indici di edificazione (anche zona per zona), le caratteristiche degli interventi di recupero, le caratteristiche dei cantieri, i requisiti degli impianti, etc. In coordinamento con il PRG e le sue varianti.

Rendita Catastale

Valore attribuito dal catasto alla capacità di generare reddito da affitto di una determinata unità immobiliare. È la base di calcolo per le imposte che gravano sulla casa. Oggi come oggi, per abitazioni, uffici e negozi è rappresentata dal prodotto di due numeri: la tariffa catastale e i vani catastali (per altri tipi di immobili il vano è sostituito dai metri cubi catastali). La tariffa identifica il valore reddituale, a vano catastale o a metro cubo, di un determinato tipo di immobile. Il vano catastale, diverso dal concetto di "vano" nel linguaggio comune è un'astrazione burocratica: rappresenta in media un locale di 15-20 metri quadrati. Atri e corridoi o soffitte sono stimati come percentuali di un vano (per esempio 1/3 di vano). In futuro i vani e i metri cubi saranno sostituiti dai metri quadrati e le tariffe adeguate a questo nuovo metodo di calcolo. La rendita moltiplicata per un certo numero (100 per le abitazioni, 50 per gli uffici e 34 per i negozi) diventa "il valore fiscale o catastale", cioè la base imponibile sulla quale vengono calcolate le imposte su compravendite, successioni, donazioni e sull'Ici.. Salvo limitate revisioni le rendite attualmente in vigore sono ancora quelle stabilite all'epoca della loro introduzione, nel 1992, incrementate del 5% dalla Finanziaria 1997. È prevista in futuro una completa revisione.

Rogito

L'atto con cui il notaio trasferisce la proprietà dell'immobile. Può essere redatto sotto forma di atto pubblico o di scrittura privata, con firma autenticata.

S

Servitù

Limitazione del diritto di proprietà su di un bene, a vantaggio o per la necessità di un altro bene: servitù di passaggio, onere, gravante su un fondo, di sopportare il passaggio per gli usi del fondo vicino, se quest'ultimo non abbia altrimenti possibilità o facilità di accesso alla strada pubblica.

U

Uso

Diritto reale che consiste nella possibilità godere di un bene pur non possedendone la proprietà. A differenza dell'usufrutto, la possibilità di godere dei frutti del bene è limitata alla cerchia familiare più stretta e ai conviventi con l'usuario.

Usufrutto

Diritto reale che consiste nella possibilità di godere di un bene pur non possedendone la proprietà. La sua durata può essere determinata o indeterminata. Quasi sempre però dura fino alla morte dell'usufruttuario, che nel frattempo dovrà pagare tutte le imposte e i costi di manutenzione ordinaria e di amministrazione dell'immobile. Si distingue dal diritto d'abitazione per il fatto che quest'ultimo è personale e non cedibile.

V

Valore catastale o fiscale

Serve come base per il pagamento di tutte le imposte sulla compravendita (registro, Iva, imposte ipotecarie e catastali) e dell'Ici, l'imposta annuale che si paga ai Comuni. Il valore catastale è costituito, per le abitazioni, dalla rendita catastale moltiplicata per 100. Nel caso di negozi (cat. C/1) la rendita si moltiplica per 34. Nel caso di uffici (cat. A10) invece si moltiplica per 50.

Vincolo urbanistico

Limitazione alle normali possibilità di edificare, ristrutturare o dare un determinato uso ad un immobile.

Visura

Ispezione dei documenti. In campo immobiliare si effettuano di norma: La visura catastale, al Catasto, per identificare i dati fiscali e geometrici dell'immobile e la visura ipotecaria alla Conservatoria del registro, per controllare che sull'immobile non siano state trascritte ipoteche.

Voltura catastale

Cambiamento di proprietà o di diritti su un immobile in Catasto.

Z

Zona

Per zona si intende una parte del territorio comunale per la quale esiste una specifica destinazione, indicata dagli strumenti urbanistici.

SITOGRAFIA

- www.borsinoimmobiliare.it

- www.agenziaentrate.gov.it

- www.immobiliare.it

- www.leggepertutti.it

- www.altalex.com

BIBLIOGRAFIA

- Edizioni Giuridiche Simone (2020), *"Agente immobiliare. Manuale completo con test di verifica"*.

- Pizzullo M. , De Filippo M. P, Cataldo S., Pini A. , Russotto G. , Napolitano N. (2022) - Maggioli Editore.
"L'agente Immobiliare. Guida per l'esame e la professione" IX edizione.

www.ingramcontent.com/pod-product-compliance
Lightning Source LLC
Chambersburg PA
CBHW071418210526
45465CB00001B/445